너트의 블랙홀

포지션 詞林 015
너트의 블랙홀

펴낸날 | 2021년 8월 20일

지은이 | 강희안
펴낸이 | 차재일
책임편집 | 이용헌
펴낸곳 | 포지션
등록번호 | 제2016-000118호
등록일자 | 2016년 4월 12일
주소 | 서울시 마포구 대흥로8길 26. 201호
전화 | 010-8945-2222
전자우편 | position2013@gmail.com

ⓒ 강희안, 2021

ISBN 979-11-970197-5-3   03810

값 10,000원

* 이 책은 2019년 한국문화예술위원회 아르코문학창작기금을 수혜받아 발간되었습니다.
* 이 책의 전부 또는 일부 내용을 재사용하려면 반드시 지은이와 포지션의 서면 동의를 받아야 합니다.

너트의 블랙홀

강희안 시집

포지션

* 한 연이 다음 쪽의 첫 행에서 시작될 때는 '〉'표시를 함.

시인의 말

거울의 언어는
　　　뒤집힌
　　　과오다

호수가 반송한
　　　너라는
　　　파문이다

2021년 여름날

차
례

제1부

빗소리에 관한 편견　　12

주관적인 신에 관한 담론　　13

아늑한 쉼표의 궁에 들다　　14

응　　16

모자란 관계에 대한 보고서　　17

농약 사이다는 지독한 은유다　　18

분리배출과 분리수거의 차이　　19

호모 사커스(homo soccers)　　20

냄새의 근력　　22

한국에서 소치까지　　24

비타민C에 관한 오해와 낭설　　25

불경기엔 간판을 팔아야 한다　　26

신입 대국　　28

제2부

월평동엔 인디가 있다   32
참여시를 대하는 방식   33
눈물의 편력   34
쓰레기통이 뒤집힌 시   35
명품 가방점에는 가격표가 없다   36
의사의 율법   38
간에 대한 오류   39
복면가왕은 오페라의 유령이었다   40
따뜻한 봉사로 사는 법   42
꽃에 꽂힌 여자   43
너훈아의 죽음에 대한 고별사   44
뱀은 자기들끼리 독을 쓰지 않는다   45
백합의 살은 꽃인가 피인가   46

제3부

사과의 독법　48

입술 부르터스　49

머리말과 말머리의 기원　50

자블라니에 대한 분란　52

LH 아파트　54

비시의 대가　55

뿔과 뺄이란 관계의 도식　56

가재미의 나날들　58

리베로와 카메오　59

꽃의 현상학　60

이기적이란 말　61

인사청문회　62

메르스 변화 추이에 관한 고찰　63

제4부

너트의 블랙홀　66
유리한 고백　67
괄호의 불문율　68
불량한 시계의 힘　70
코끼리 증후군　72
잠수 탄다는 말　74
차이에 관한 생각　76
제3의 눈　77
사랑의 파테르　82
독도법　83
마음의 불에 관한 명상　84
메타포 무타포어　86
아름다운 병　88

해설 말놀이의 시학 | 고봉준　90

제1부

빗소리에 관한 편견

 부침개를 구울 때마다 물끄러미 창밖을 응시하는 습관이 있다 수직으로 죽어간 빗방울의 영혼이 깃들어 있기 때문이다 온 집안 들끓는 빗소리에 라디오를 켜는 버릇도 있다 잡음잡음 잡히는 그의 아릿한 살내음, 비 오는 날 부침개가 그리운 것도 다 그 때문이다 주파수를 맞추지 못해 화르르 제 몸을 뒤집어야 하는 저 뜨거운 몸을 보라 투명한 분계선을 넘나드는 빗소리, 외마디 돌의 비명이 새겨진 유리창엔 사랑을 깊이한 눈망울도 맺혀 있다

 또록또록 빗방울 받아 적은 유리의 기술이다

주관적인 신에 관한 담론

 신이 발이라고 믿던 시대는 갔다 신은 신이고 발은 발이다 발이 신이 아닌 이치와 같다 헌 신이 새 신과 구별되는 것은 헌신적이기 때문이다 새 신을 찾아 방황하는 누군가는 헌 신짝이 되어 버렸다 발이 주인이란 믿음에도 균열이 일기 시작했다 모자도 어머니가 주인이란 말보다 관이 주인인 경우가 허다했기 때문이다 죽음이 신을 주관하는 것이 아니라 삶이 발을 억압한다 그것은 누가 보아도 지극히 합당하다 헌신적인 헌 신짝이라고 말하는 건 상투적이다 헌 신적인 헌신은 아무짝에도 쓸모가 없기 때문이다 그렇다고 누군가 헌 신에다 새 발을 밀어 넣는 것도 겸연쩍다 헌신적인 새 발은 허공을 부유한다 누구보다도 긍휼했던 예수의 헌 발도 이미 세상을 떴다 새 몸에는 신의 발이 들어 있기 때문이다

아늑한 쉼표의 궁에 들다

 풍요로운 문장이 끊길 듯 이어질 때 마침 쉼표와 부딪친다 그는 어미 뒤에 붙어 있는 경우가 대부분이다 꼬리를 웅크린 채 잠들어 있거나 꼬리를 흔들며 앞으로 나가느라 여념이 없다 그에게 주어진 잠이란 고작 한숨 돌릴 시간에 불과하다

 그는 종종 여가 시간에 가위바위보 게임을 즐기곤 한다 늘 가위를 내고서는 주먹을 낸 나를 이겼다고 우긴다 그에 의하면 가위로 내 올챙이 시절의 꼬리를 떼어 주었다는 것이다 그래서 누군가는 보자기를 방패로 믿은 작은 부호가 있다고 회고한다

 한 문장을 마친 뒤 비약적인 다른 문장을 이어 한 권의 책을 제본하기란 곤고하다 시위도 과녁을 겨눌 때는 잠시 숨을 돌려야 할 때가 있는 법, 그에게는 책을 봐줄 독자가 없었으므로 쉼표처럼 입꼬리 흘리며 주저앉았던 적이 있다

〉

　어느 날 저녁 그가 자궁에 머리를 묻었던 힘으로 책을 짓는다 물찬 말의 꼬리를 자르고 나서야 새로운 종지부를 찍었던 것이다

응

  누군가의 어려운 문자에 쉽게 던진 '응'이란 답신은 나누기다 절대 가로바의 기울기를 허락지 않는다 변기를 사이에 두고 응가를 떨군 시원한 종지부였다 오늘부터 나도 응가의 일원으로 남아 휴지를 떨구며 상하의 표지를 구겨버렸다 살아있는 은유란 특이한 섭생의 매재를 부드럽게 응축하여 쾌변을 쏟는 일, 낙하의 상상력이 시원한 상승의 구미를 당겼던 것이다 서로를 넘나들 수 없는 가로의 바에 걸려 어린 응뎅이를 까내리면 비데의 저울도 좌우로 균형을 맞춘다 괄호로 열린 입과 횡으로 갈라진 항문 사이에는 구절양장 난해한 기법이 숨어 있다 위장을 지나 하부로 내려올수록 진득한 말의 똥으로 응결된다 공복의 폐허에 슬쩍 드민 매운 생마늘, 이것은 실패한 은유다 속을 달래지 않았으므로 지독한 천공을 동반한 역류에 시달린다 알맞게 마늘똥을 숙성하는 늙은 말로의 여정이 궁금했다 누군가 던진 질문의 미늘에 '옹'자로 응대할 때 바퀴와 몸을 나눈다 죽어도 참한 좌대의 말로 둥글게 굴러간다

모자란 관계에 대한 보고서

 그녀는 답신 문자에 절대 띄어쓰기를 하지 않는다 명사와 동사, 감탄사와 종결어미까지 무시한다 어릴 적 어미와 떨어지며 누적된 분리불안공포증의 여파다 그녀와 밀접할수록 헐거운 어간을 넘나드느라 곁을 비우지 않는다 어미에게 자란 보호막이므로 틈을 내주는 일이 아니란다 그녀는 ㅎ이란 모자에 눌린 유일한 텍스트였던 것이다 그녀가 건넨 '귀조아'란 축어는 혀와 동의어였다 그녀의 귀에 따라붙는 '가'의 말조차 막으며 구애한 결과였다 그러므로 말이란 여린 침묵으로 맺혀 코로 웃는 일, 사람의 갓길에서 'ㅎ'마저 뒤집혀야 터지는 꽃이라는 사실을 몰랐던 것이다 그녀가 띄어쓰기를 멈춘 이후 엇갈린 행 처리는 물론 받침조차도 떼어내는 지경에 이르렀다 휑뎅그렁 홀소리로 남은 그녀의 하루는 고작 연철과 분철이나 가늠했다 모자란 관계에 따라 단락을 나누는 일이 전부였다 바람이 불 때마다 행간의 길섶에서는 언뜻언뜻 팔다리가 자라났다 오래된 비의 닿소리에 묽힌 웃음소리가 들려왔다

농약 사이다는 지독한 은유다

 요즘 매스컴을 떠들썩하게 제조한 '농약 사이다'는 지독한 은유다 그는 '사이다'와 '농약' 중 어떤 말로 선을 잡을지 늘 망설인다 머리에 농약을 친다는 것은 사이다의 김을 빼는 일이기 때문이다 가까스로 선한 사이다를 내밀 경우 명사의 포즈를 취했던가 소액을 건 화투를 치다가 언쟁을 벌인 일로 박씨 할머니(83세)가 사건의 주어로 낙인찍혔다 조만간 그가 어떤 패를 내밀지, 앞으로 무슨 패가 따라붙을지 지켜볼 일이다 이 비정한 명사의 서술어가 '사이다'이므로 또 다른 두 할머니는 이미 고독성 삶을 주검으로 요약했다 사소한 화투에서 끄집어낸 잔혹한 어투는 얼마나 낯선 발상인가 깊은 혼수에서 깨어난 피해자 신모 할머니(65세)는 용의자인 "박씨 할머니와 사이좋았다"고 진술했다 우리말의 성격상 피해자는 가해자의 심리와 동떨어진 농약 사이였다 그의 은유가 아름다운 건 '농약 사이다'를 '사이다 농약'으로 뒤집었기 때문이다

분리배출과 분리수거의 차이

　분리배출을 분리수거라 부르는 건 정부적이다 상처한 일을 상처받았다고 통일한 말과 같다 정부의 입장에서 모든 관계는 불륜으로 치부된다 그들이 치부한 재산도 그녀의 은밀한 사생활과 관련이 깊다 기둥에 사슬을 건 그네도 뒷배의 도움을 받았다는 잡설도 난무했다 힘껏 밀어주다 조금이라도 방심하면 반듯한 이마 깨지기 십상이다 분리수거를 분리배출로 바로잡는 것은 민주적이다 그러나 여기에는 인민과 시민을 분리하고픈 반정부적 통증이 수반된다 사적인 루머를 야기한 무리의 머리가 물의를 빚는 사건도 터졌다 정부의 결정은 자신의 복음과 소금을 추출할 때 빛나는 법이다 그들이 사랑에 대해 독재적이라면 시민은 증오에 관해 독자적이다 분리수거와 분리배출을 통용하는 것은 무정부적인 발상이다

호모 사커스 homo soccers
— 한국 축구의 믿을 맨은 middle man이었다

어떤 학자는 현대인의 학명을 호모 사커스로 정의한다 그렇지 않고서야 이 둥근 공 하나에 전 세계가 어찌 이리 들끓겠는가 러시아 대표팀 감독은 '생일상'으로 승리란 선물 대신 '울상'을 받았고, 콜롬비아의 수니가는 브라질 마피아의 살해 위협에 시달렸다 인간은 이 정도로 월드컵에 흥분에 광분을 거듭하고 있다 이처럼 인간은 거듭제곱의 수로를 뚫고 나오기까지 자궁 속에서 힘찬 발길질에 매달렸다 불길한 음수로부터 양수를 터뜨리기 위해 축구를 익혀 왔던 것이다 현대인이 일명 호모 사커스라 불리는 것도 다 이 때문이다 엄마는 초경 이전부터 아들의 토킥 능력 진작을 위해 발레에 빠졌으며, 아빠는 아내의 출산 이후 각종 축구화부터 챙겼다 그들이 자라서 한국 축구의 기둥이 되었다는 건 주지의 통념이다 누가 돌이켜 봐도 고질적인 고지전으로 허리가 끊긴 한국 축구의 믿을 맨은 middle man이다 박지성에서부터 기성용·이청용이란 쌍룡과 최근 주가가 폭등한 손흥민에 이르기까지 우리 축구를 이끌어 온 대명사는 미드필더였다 그들이 뱃속에서부터 올록볼록 내지르는 슈팅에 탄성을 올리지 않은 부모가 어디 있었겠는가 누가 부정한다 해도 현대 인간의 학명은 호모 사커스다

냄새의 근력

 젊은 냄새는 힘이 세다 뻑뻑 담배를 빨아대도 뒤돌아서면 종적이 묘연하다 늙은 냄새는 근력이 없다 생마늘 한 톨 분량의 냄새도 굼뜬 동작만을 거듭한다 싱싱한 냄새가 페로몬 향기로써 아리몽롱 최면에 걸리는 증상을 동반한다면 묵힌 냄새의 경우 지방산 불연소로서 골착 지근 세대의 갈등을 불러일으키는 주범이 된다

 아버지 냄새는 저항의 힘이 세다 일본의 한 실험 결과에 따르면 딸들은 아버지 냄새를 밀어낸다 여성의 경우 젊으면서 유전자와 먼 남성일수록 다디단 페로몬 향기에 취한다 남동생 또한 자신의 친누나와는 사뭇 다른 취향의 여성이나 성격에 끌린다 한국 최고 미인의 상징인 김태희 동생 이완까지도 누나를 멀리한단다

 가까울수록 멀리 근친의 법을 일깨운 몸의 냄새와 멀리 떨어져 그리운 어머니의 냄새에 따라 도덕의 입법자인 인간은 결코 도가 지나치지 않는 위대한 사상을 낳

왔던 것이다

한국에서 소치까지

빅토르 안은 국민에게 "**미안해요**" 국민은 안현수에게*
라는 정치와 도치 사이
러시아 소치올림픽은 세계의 수치올림픽이 되었다

여자 피겨스케이팅 경기에서 김연아의 점수가 아델리나 소트니코바보다 낮았던 것은 자신의 화려한 과거와 경쟁했기 때문이다

한국에서 소치까지
수치에서 순치까지

귀하께서 본의 아니게 러시아의 빅토르 안이란 선수에게 한국의 안현수라고 기재하여 수취인 불명의 편지를 보냈기 때문이다

* 동아일보(2014. 2. 17) 헤드라인 기사 제목

비타민C에 관한 오해와 낭설

　비타민C가 시다는 오해는 C에서 비롯되었다 비타민C는 레몬보다 유자에 3배 가량 많다 시다는 맛과 쉬다는 말은 동의어로 간주된다 시가 시인 것은 비타민A보다 상큼하기 때문이다 시의 씨는 다른 씨와는 달리 둥글게 안는 C의 형상이 풍부하다 흔히 시다는 주방장의 허드렛일을 도맡는다 비타민 씨가 붉은 과일에 많다는 것도 소문에 불과하다 브로콜리란 야채에 2배 정도 많기 때문이다 이것은 시고 저것이 달다면 비타민C는 소설이자 칼럼이다 비타민이 시라는 편견은 C에서 말미암았다는 견해도 있다 비타민B도 시린 만큼 젖산이 된 기억도 있다 그간의 사정에 따르면 비타민 씨의 눈은 편견으로 가득하기 때문이다

불경기엔 간판을 팔아야 한다

 불경기에 간판을 판다는 것은 불문율이다 대학가 맛집에 각인된 시그널이다 화류계 작부가 얼굴을 팔고 권력이 재벌의 뒷배를 파는 건 관례였다 시인은 학벌을 팔아야 하므로 언제부터인가 교정에서는 아줌마 특수를 노리며 학력 쇼핑몰을 구성했다

 도마동 연자1길 서고네거리 '이모네감자탕'에 진학했던 만학도 김모 씨는 '전주비빔밥'을 거쳐 '새서울동태탕'으로 명함을 바꿀 요량이다 오모 여성 시인은 P대학 중퇴 후 허름한 '대성순대'로 등단한 뒤 H대학 '오병이어'로 신분을 세탁했다 그리고 다시 C대학 '장대뒷고기'로 간판을 바꾸어 달았다 대전역 부근에 난립한 명함집과 간판집은 불경기가 가속되자 활기가 넘쳤다 간판은 진한 홍조를 띨수록 시리주근 널브러진 식당가를 접수해 나가기 시작했다

 대학로에서도 불경기엔 새 간판을 바꾸어 다는 편입

의 경향이 만연했다 누구라도 은퇴 후 금빛 명함을 판다면 성공한 인생으로 환대하기 때문이다 모 교수는 제 학내의 지분을 통째로 내주고 후일을 도모했다 명예를 중시하는 풍조가 빚은 부작용이었다

  바야흐로 불경기엔 얼굴을 팔아야 한다는 가설이 현장 실사를 거쳐 정설이 된 것이다

신입 대국

여기에서는 하수가 여러 명의 고수를 상대로 다면기를 둔다 그가 홀로 저 거대한 백돌의 무리를 거스를 때 까맣게 질러간 외길이 탁 트인다 이것이 없다는 건 무엇에 취할 돌을 들었다는 것, 그것은 집을 짓기 위한 하수의 선택이다 고독한 그가 고수에게 당하는 마지막 일갈이 바로 덤*이었으므로

저기에서도 하수가 고수를 상대로 먼저 돌을 깔아주는 접바둑을 둔다 그는 고수가 즐비하게 깔아놓은 백돌의 덫에 끼인 빅**, 그의 규칙은 고수의 악수에 의해 임의대로 고정된다 그러므로 자신에게 주어진 흑돌의 맥점을 상상하는 일에 골몰한다 그가 아무리 갈망해도 변수가 무력한 상수였으므로

* 바둑에서 집을 계산할 때 백(白)을 잡은 사람에게 더해주는 집

** 먼저 단수를 치는 쪽이 손해를 보게 되므로 서로 단수를 칠 수 없는 무승부 상태

제2부

월평동엔 인디가 있다

 대전 월평동엔 인도카레 전문점 '인디'가 성업 중이다 인도와 마찬가지로 소를 신성한 영물로 떠받든다 카레가 인도이므로 식물인간들만 모인 병원에 소가 끼어들었다 카레가 차도를 장악했으므로 그들은 야채인간으로 불렸단다 레이디 가가도 모 잡지 인터뷰에서 카레를 즐겼다 '레이디가 가네 인디로 저녁 먹으러!' 그녀의 입맛 덕에 인도카레가 전 세계로 파편을 튕겼다 인도의 입구를 한번 거친 이들은 하나같이 육식인간들만 차도로 내보냈던 것이다 최근 인터넷에서는 야채인간들만 사는 마을의 소가 조명을 받아 빛났다 고요한 물결을 헤치고 신의 딸이 소에서 나와 자신의 마을을 다스린단다

 그 후 인도의 한 사원에서는 카레 속으로 걸어간 소의 족적을 탁본했다는 일화가 불거졌다

참여시를 대하는 방식

 내가 참여시를 쓴다는 건 젊은 평론가 손남훈의 논리다 그에 따르면 놀이시의 특성상 독자의 참여를 유도하는 시란다 또한 내 시가 참여시란 입장은 시인 박현수의 시점이기도 하다 실험시인데도 모순된 사회 현상을 꼬집는다는 것이다 내가 참여시를 쓰는지 내 시가 참여시의 특성을 띠는지 그건 모호하다 확실한 건 독자를 중시하거나 사회를 우위에 놓는 게 참여의 기준이 된다는 점이다 내 시의 화자가 텍스트 주체의 형식이라면 내 시는 객체의 내용으로 현실에 관여한다 내가 시의 독자로 참여하든 사회가 날 독자로 판단하든 그건 순전히 그들의 몫이다 넓은 의미에서 독자도 사회의 일부이므로 나는 참여시인이란 말에 전적으로 동의한다

눈물의 편력

 눈물이란 슬픔의 농도가 지독할수록 짜다 '저이 참 짜다'란 말에는 묘한 뉘앙스가 엉켜 있다 원단의 조직은 고밀도 무늬를 바늘로 누비는 화자다 그는 무시로 짜디짠 얼굴 만져보며 싱겁게 웃었다 뒤늦게 마련한 흰 셔츠에도 원색적 수가 놓인 것이다 그가 우울한 면에 적을 둔 것도 접싯물에 코가 빠졌을 때다 수시로 바뀌는 결정에 따라 함부로 눈과 입마저 닳아나기 일쑤였다 저들의 면면과 달라지는 순간 그는 폐기물 메뉴에 이름을 올렸다 철 지난 그의 입성은 물에 젖어 탈색되기 쉬운 어조였다 사랑이란 짜다 만 고통에 길든 피학성의 다른 얼굴이다 그러므로 '저이 참 싱겁다'란 말에도 묘한 뉘앙스가 겹쳐 있다

쓰레기통이 뒤집힌 시

 현장 비평가들은 나의 시를 쓰레기통 뒤집어 놓은 것 같다고 일갈한다 재활용할 품목과 쓰레기가 뒤엉켜 일용의 가치가 저작권자에게 휘둘린 지경이란다 종이는 종이, 병은 병, 캔은 캔끼리 조직적으로 배열해야 재생산의 효율성도 고려된다고 따진다 다시 꼼꼼이 분리배출하지 않는 한 범칙금 부과 대상이란 꼬리표가 붙는다는 입장이다 시인이 다루는 정치한 고밀도 언어도 채산성 수지에 따라 품격이 달라지게 마련이다 독자의 관점에서도 낯선 경험이란 충격에 사로잡힐 때 헤벌레 완고한 입이 열리는 법이다

 해체시는 불만으로 꽉 찬 쓰레기통을 뒤집어 제3의 언어로 재조합하는 별난 공장이기 때문이다

명품 가방점에는 가격표가 없다

 명품 가방을 취급하는 매장에는 가격표가 붙어 있지 않다 고급 상품의 가격을 함부로 노출하는 건 고객에 대한 예우가 아니기 때문이다 그 자리에 서 있기만 하면 이동식 인간이 다가온다 감히 서민으로서는 헤아리지 못할 고위급 가격의 비밀을 풀어준다

 고객이 가격을 간음하는 건 그만큼 제품의 얼굴이 아름답다는 것이다 저마다의 눈부신 눈짓이 전시된 아방궁에서는 일반의 진열대보다 격이 높다 꼬리표를 떼어냈다는 건 제 이름을 버렸다는 것, 도마뱀처럼 자신의 마지막 살점을 고객에게 던져준 것이다

 가격이 몸을 얻고 싶지 않은 것은 고객들이 혀를 휘두르며 불편해 하기 때문이다 한 고객당 한 종업원은 그들만의 공식이다 구경만을 일삼는 사람들이 발붙일 틈을 주지 않을 요량인 것이다 고객이 밀릴 경우엔 줄을 세워놓고 기다림의 폭력을 즐기기도 한다

〉

　고객도 상류층에 오르기 위해선 시간쯤은 얼마든 분할할 줄 안다 그들은 그것이 목숨을 바친 동물들에게 지키는 최소한의 예의라 믿는다 그리하여 당신의 고객들은 명품 가방점 앞에 줄을 서서 마치 천국 시민권이라도 받아든 듯 나른한 감격의 표정을 짓는 것이다

의사의 율법

 그녀의 입술은 타성적 편식에 길든 피의 이데올로기다 사랑의 율법에 따라 가로로 찢긴 사내의 수화였다 워낙 예민해서 여러 의사에 따라 툭툭 터지기도 한다 건성 조직이므로 무색무취한 스틱의 힘을 통째로 빌린 적도 있다 아침마다 입을 다문 채 요리조리 색다르게 페인팅하는 신성한 의식을 치른다 그리하여 유난히 자신을 촘촘 가로막는 타이법에 서툴다 의사도 가치관에 취약하므로 상처의 말씀을 섬긴다 워낙 독실하여 화려하게 죄를 조제하는 법도 안다 클레오파트라도 입술의 화인만으로 제국의 수술대에 올랐다 사내도 세로로 마춰된 상처의 볼모를 자처했다 그녀는 붉은 입술로 사내를 수하로 부리는 기법을 터득했던 것이다

간에 대한 오류

　간이라고 해서 소금만을 상기한다면 결정론적 오류에 빠진다 맥주는 싱거워 소주로 간을 맞추고 오이냉국도 식초로 간을 맞춘다 그렇다고 해서 간을 꼭 타자의 취향에 맞출 필요도 없다 음료가 탄산으로 간을 살리듯 짜디짠 정신은 맹물의 말에 귀를 열고 싶다 간이라고 해서 오롯이 소금의 결정만을 따른다면 오산이다 불고기 양념도 설탕으로 간을 재우듯 쓰라린 관능에 물 타던 인사도 깨끗한 죽음에 투신했다 간이라고 해서 소금만이 살아있는 것은 아니다 그러므로 나란 결정은 너의 심심한 물에 닿고 싶다

복면가왕은 오페라의 유령이었다

 MBC의 예능 프로그램인 〈복면가왕〉에서 5대 가왕에 도전했던 '화생방실 클레오파트라'가 패했다 상대는 객석과 신나게 한판 호흡을 맞춘 '노래왕 퉁키'였다 그리하여 미구에 궁금증과 호기심을 무한증식하던 가왕의 정체가 밝혀진 것이다 그는 특유의 미성과 담백한 창법으로 주말마다 시청자들의 귀청을 농락했다 연예인 패널이었던 김구라가 '김연우'라고 예측한 이후 그것은 누구나 아는 묵계였다 새롭게 초대된 가수들이 등장할 때마다 그는 감격의 도가니를 안출했다 비디오 시대에 가수의 얼굴을 지운 PD의 기획은 세이렌의 얼굴과 조우하려는 실험의 자료였다 시각적 음파에 취한 현대인의 그늘이 벗겨지는 순간이었다 노래의 패자가 가면을 벗는다는 것은 소리의 표정을 만지는 일이므로 그가 처음 가면을 썼을 땐 한 치 앞도 보이지 않았단다 그러나 마지막 무대에 오르기 전 이제는 가왕의 자리가 늘 제 자리 같다는 해학적 요설을 날리기도 했다 허기진 외모였던 그는 가면 덕분에 세상이 황홀했다는 후일담을 남겼다 그

때부터 배다해와 함께 출현한 '오페라의 유령'이라는 루머도 파다하게 퍼져 나갔다

따뜻한 봉사로 사는 법

　대전의 P대학 평생교육원 창작반에는 시를 쓰는 봉사가 있다 그는 선천적 장애가 아닌 후천적 병고에 의한 경우였다 벌겋게 뜬 눈으로 세상을 주유한 끝에 다시 낯선 형상을 짓는 일, 따뜻한 봉사의 견지에서 딱딱한 몸을 풀어주는 안마사를 선택했던 것이다 그가 통증 진단 시 손을 쓴다면 미녀 감별 시 목소리를 살핀다 요령부득 봉사 시인을 위한 결단이었을지도 모를 일이다 이 여자는 섹시한 여자, 저 여자는 괄괄한 여자, 이 여자는 순정적 여자, 저 여자는 순악질 여자 등등 그의 판단에는 한 번도 오류가 없었단다 시퍼런 두 눈보다는 귀를 기울이는 순간 환하게 보인다는 것이다 옛말에 이르길 사람도 나이가 화갑이면 이소(耳笑), 즉 귀로 웃는다 하지 않던가 봉사란 세상의 통증을 어루만지며 소통하는 일, 그것이 그에겐 목소리의 색깔로 형상을 짓는 일이었던 것이다

꽃에 꽂힌 여자

얼마 전에 자살한 그녀는 꽃에게 꽂힌 여자라 불릴 만큼 꽃을 좋아했다 어떤 남자도 그녀의 이름을 부르지 않았으므로 꽃에 집착했던 것일까 그녀는 노오란 카카의 창에 제 목을 꺾어내고 오똑 칸나를 꽂아놓기도 했다 사내들의 눈짓 밖으로 밀려난 게 오롯이 성격보다는 외모 탓이라 믿었던 것이다 최근 몇 번 소개 자리에 나갔는데 모두 그들의 슬픈 눈웃음, 턱을 괸 팔의 각도, 트림의 음정, 욕설의 맛 등등 각기 다른 매력에 빠져버렸단다 일반적 관점에서 삼십대 중반 여성의 현실적 태도와는 사뭇 달랐다 그녀의 비현실적 취미가 꽃의 선호라는 악성 징후와 맞물렸던 것이다 그 남자들에게 꽂힌 그녀는 하루에도 몇 번씩 꽃을 선물했다 그래서 꽃을 든 남자의 화장품을 충동적으로 구매했던 것일까 추측성 기사로 매스컴에 떠돌던 대로 그녀의 표적이 된 남자들은 하나같이 꽃이었다 자신만의 정체성을 찾기 위한 트랜스젠더였던 것이다

너훈아의 죽음에 대한 고별사

　모창 가수 너훈아가 죽은 건 나훈아의 슬픔이다 순천향대병원 관계자에 따르면 그의 간암 투병 소식에 긴장을 한 건 나훈아였다 원본인 나훈아가 살아있다는 건 모창 가수 너훈아의 이름값이기 때문이다 그의 떠들썩한 죽음이 나훈아의 전도에 흠집을 낸 것일까 자신에게 한 번도 로얄티를 지불한 적 없는 너훈아, 이제 나훈아는 너의 죽음을 흉내내야 하는 처지다 자기를 키우던 소를 팔아 기획한 1집 앨범을 실패한 김갑순 씨, 너는 나를 복제하느라 자신의 길을 포기했다 30여 년 동안 나의 삶보다 너의 삶에 더 관심을 기울였다 향년 57세로 66세의 삶을 앞질러 간 유일한 이력이 그의 죽음을 새롭게 포장했던 것이다

뱀은 자기들끼리 독을 쓰지 않는다

 뱀은 자기들끼리 독을 품지 않는다 이 첫 금기 조항은 누구도 누설하지 않은 그들 종족의 불문율이다 혹자에 의하면 그들의 혀는 갈라진 방식으로 화해를 물색한다 적어도 뱀은 자기들끼리는 사족을 못 쓴다 서로의 목을 틀어쥘 손이 없기 때문이다 신진대사가 느린 사관이므로 24시간 은밀하고도 치밀한 육필을 놀린다 그들이 똬리를 트는 건 종족을 남기려는 성스런 과정이다 뱀들은 좋은 놈 나쁜 놈 이상한 놈! 이 중에서 딱 한 놈만 살릴까 혹은 딱한 놈만 살릴까? 뱀의 꿈은 지혜와 권세란 명예의 전당에 기록된 적도 있다 절대로 뱀은 자기들끼리 독을 뿜지 않는다 이 마지막 금기 조항을 깨뜨린 자들은 느물느물 사라졌다 뱀은 비늘과 발을 교환한 변종의 형식이다 그들은 신진 대사가 힘껏 지팡이를 던져 지었다고 회자된다

백합의 살은 꽃인가 피인가

 백합의 살은 꽃인가 피인가 바닥에 길든 백합에는 간이 없다 간을 피에 함축했으므로 질의 맛은 쫄깃하다 달에 몸을 건 꽃은 저리 비릿하다 맛있는 살을 양보했더니 피를 끓여 시원한 맛을 우린다 범어사 독성전 백합꽃살문이라도 열어젖히고 싶은 날이다 백합의 꽃은 살인가 피인가 살피살피 흙으로 세든 백합의 꽃에 향기가 어린다 간이 없는 잎으로 맑은 피를 수혈한다 비릿한 냄새를 잎에 응축했으므로 백합의 꽃은 알싸하다 아득한 깊이에 눈먼 이들에 둘러싸여 있다 그렇다면 백합은 꽃의 살이자 달의 피인가

제3부

사과의 독법

그가 사과해! 요청하자
배가 튀어나왔다

비만에 따른 난독 같은

그가 사과해! 강요하자
주먹이 튀어나왔다

사과에 묻힌 오독 같은

입술 부르터스

 푸짐한 입술은 뽀빠이popeye의 가녀린 올리브를 움켜쥔 악당의 캐릭터다 오일오일 부르터스가 터뜨린 삭막한 식욕의 대명사였다 오래된 그리움으로 또닥또닥 부르스타의 불길로 속삭이고 싶다 이제 시금치의 힘으로 악당 털보를 물리치던 뽀빠이는 사라졌다 바야흐로 젊은 대중의 눈이 패스트 푸드점에 꽂힌 것이다 그 이후 파파이스popeyes로 입시울소리를 내는 복수의 치킨에 날개가 돋쳤다 활래활래 농염한 입술이 터지자 면발에 올리브 세례가 쏟아졌다 가늘고 노랗게 튀겨진 뽀빠이까지 바닥에 부서져 널브러진 나날들이다 어디선가 늙은 닭대가리 하나가 튀어나와 뽀오뽀오 행진 나팔을 불기 시작했다

머리말과 말머리의 기원

어떤 위대한 선지자가 이 지구상에서 가장 훌륭한 말의 머리를 찾아내기로 작정했다 그래서 그는 온 세상을 두루 다니며 100여 종의 말을 찾아내었다 그는 고집 센 그 말들을 자신이 주재한 시간의 계기에 집어넣었다 여러 무늬의 머리말을 자신의 책에 들이려고 이리저리 고삐를 당겨 보았다 말들이 거부의 몸짓을 취하자 그는 크릉크릉 던지는 말의 소리에 귀 기울였다 서로 결기가 다른 말들은 텅 빈 주인의 냄새를 찾아 코를 킁킁대기 시작했다

선지자가 말문을 열어젖히자 그의 궤도에서 해방된 말들은 꼬리를 치켜들었다 고개를 뻣뻣하게 쳐들더니 거친 숨을 몰아쉬며 갈기를 세웠다 그리곤 천둥 치듯 발굽으로는 모래 먼지를 날리면서 까무룩 사라져 갔다 거의 대부분의 말들이 주인의 책에 발굽을 묻었다 그때 선지자가 뿔피리를 힘차게 부니 그중 4마리의 말들만이 앞발을 들고 화답했다 그 뿔피리의 신호에 따라 주인의 집

에서 뛰쳐나왔다 그리곤 인도와 중국, 그리스 등지로 말머리를 돌렸다

  이때 선지자가 가로되 "바로 저 4마리 말들을 종으로 삼아 이 세계에 말씀을 전파하겠다 그리고 나는 저들의 머리로 섬긴 말들이 백성들의 가슴에 울려 퍼지는 날, 세계 4대 경전이라 이름하겠다"고 전한다

자블라니*에 대한 분란

한때 남아공에서는 자블라니가 3차원 곡선을 완성한 희귀 생명체라는 논란이 들끓었다 자블라니는 과학적 검증을 거친 만큼 이전의 공인구에 비해 가장 원형에 가깝다 무엇보다도 선수들이 잡기 편하도록 특수 고안된 미세 돌기가 강점으로 손꼽힌다 이 밖에도 경기 인원수인 11과 남아공의 11개 민족, FIFA의 11번째 공인구를 의미하는 색깔 도안까지 고려했다고 아디다스 측은 설명했다 그러나 이 같은 주장과는 달리 각국 선수들은 자블라니 쉽게 미끄러지는 특징과 불규칙한 탄도 변화로 좌우 비상 궤적이 살아있다는 점, 나아가 뛰어난 반발력 때문에 어디로 튈지 모른다며 공포감에 휩싸여 있다 특히 골키퍼들의 불안은 가히 최고조에 달한 상황이다 잉글랜드와 알제리 골키퍼는 춤추는 자블라니에게 농락당한 대표적인 사례에 해당한다 그들은 한결같이 자블라니가 11이란 USB에 꽂힌 아바타라는 의혹을 제기하며 반발했다 그뿐만 아니라 "정확하고 빠른 패스가 이뤄질 것"이라는 제작사 측의 장담과는 무관하게 필드 플레이어들도 애를 먹기는 마찬가지였다 워낙 속도가 빨라 점프 타이밍을 잡기가 어려운 데다 잔디의 결에 따라 동선이 달라진다는 등등 구구한 불만들이 속속 터져 나오고 있는 것이다 따라서 한 외신에 따르면 이번 월드컵이 지구촌 인간의 축제가 아닌 골의 가뭄 현상을 동반한 '자블라니들의 축제'라는 주장으로까지 번지고 있다 그렇다면 과연 그가 인류 제전의 주인공으로서 손색이 없을까? 이에 대해 아디다스 측은 자블라니는 "FIFA 기준에 적합하며, 이미 각국 선수들에게 적응할 시간을 충분히 줬다"고 일축하는 한편 연구 결과 자블라니가 "고도高度나 테크닉 등 외부 조건에 민감하게 반응한다"며 인간으로서는 제어하기 힘든 변종의 출현을 우려했다

　이와 같은 중대한 사안에 대해 FIFA 측은 현재로서는 대안이 없는 만큼 "각 팀이 자블라니를 이번 대회의 생명체 중 하나로 받아들이고 적응하는 수밖엔 없다"는 공식적인 입장을 발표하는 것으로 일단락된 사건이다

LH 아파트

 최근 우리 단지에 'LH 아파트'를 '내 아파트'로 읽는 난독증 환자들이 하나 둘 입주하기 시작했다 그들은 '관광부 장관'을 '강간부 장관'이라는 진실을 발설하기도 하고, '경상도'를 '개상도'라 읽는 지역 편견의 이빨을 드러내기도 했다 일기가 불순한 날이면 그 증상은 더 심해져서 '개고기 먹을 줄 알아?'를 경제적 어법으로 '개혀?'라고 물어도 다 알아듣는 난청의 수준에까지 이르렀다 한때 나는 '개혀?'를 '개의 혀로 문다고?'로 반문했다가 귓구멍이 막혔다는 거센 비난까지 받기도 했다 그래서 '나'도 발끈하여 '너 족구 싶냐?'라고 메일을 보냈더니 '농구 있네'란 문자로 받아쳐 혀가 휘휘 내둘린 적도 있다 그때부터 혀가 길어져 원어민 영어 발음에 재미를 붙이기도 했다 영어로 'LH'는 한국말로 '내'에 해당한다 'Land'(토지공사)+'House'(주택공사)가 협력하여 'LH 아파트'가 지어졌듯이 그들에게 '나'와 '너'를 긴요하게 포개면 '내'가 되는 것 아니겠는가

비시의 대가

마지막 혁명에 성공을 하자 시는 죽었다
그 자리에서는 시시비비를 가리자며
한철 만에야 옹기종기 모여든 CEO CEO
비시非詩를 꿈꾼 신용불량의 대가로
시인의 이름을 딱딱한 BC카드에 새겼다

뿔과 뻘이란 관계의 도식

어느 날, 한 평론가 선배가
술에 잔뜩 취해서
내가 너한테는 뿔이냐 뻘이냐고 물었다

나는 뿔이라 할까 고민하다가
뻘이라 대답했다
뿔은 상대를 치받는 나의 습성이기 때문이다

그 선배가 뻘이 되어야 내가 뿔이 될 수 있기 때문이었다

또 어느 날은 한 고전소설을 전공한 후배가
술에 더 잔뜩 취해서는
나에게 자꾸 빨려 들어간다고 문자가 왔다

나는 나도 그렇다고 할까 고민하다가
내가 뻘이기 때문이라 대답했다

나는 당구에서도 끌어 치는 일에 골몰하기 때문이다

나는 그 선배의 뿔이자 후배의 뻘로 남고 싶기 때문이었다

가재미의 나날들

 잔잔한 수면이 두려워 무지락무지락 몸서리를 쳐야 활활 풀리는 너를 본다 거센 포말의 날벼락에 주위 사람들마저 말을 잃었다 옴쭉달싹 네가 날린 사시의 눈썹에 찔릴까 웅크린 이들도 부지기수였다 가까울수록 더더욱 거세어지는 몸짓에 까무룩 흐려진 시야들, 그러다가는 흘끔 돌아나가 심해의 밑바닥에서 유유자적한다 날선 빛살에 파르락 몸을 떨다가도 저녁에 치를 한판 분탕질을 예비한다 바람의 뼈로 지은 물의 거푸집에 들고 싶었던 것이다 싸움의 전리품으로 챙긴 물방울들, 하얀 날숨을 뿜어 올린 뒤에야 심해의 바닥으로 까무룩 가라앉곤 했다 누구나 너의 서늘한 눈총에 당하기 전 수면으로 튀어 올랐다 심해의 바닥에서 누군가 모지락모지락 진저리를 쳐야 팔팔 깨어나는 나를 본다

리베로와 카메오

축구계의 MB가 과거 전력이 뛰어난 승부사인 반면 그는 과거 전과가 화려한 지도자다 MB가 미국을 한국에 무릎 꿇린 반면 그는 한국을 미국에 무릎 꿇린다 MB가 4강을 위해 수년간 '땀'을 흘린 반면 그는 4대강을 위해 수년간 '땅'을 샀다 MB가 불가능 속의 횃불을 켜든 반면 그는 일말의 촛불도 꺼뜨린다 MB가 청소년 양성에 정열의 기치를 세운 반면 그는 늙은이 세뇌에 전력을 기울인다 MB가 남녀노소 어린이들의 영웅인 반면 그는 개독개상* 노인네들의 우상이다 MB는 간혹 실수해도 국민들이 너그러이 아량을 베푸는 반면 그는 자주 실수해도 국민들이 그러려니 무시한다 MB가 젊고 유능하며 미래가 기대되는 반면 그는 늙고 무능하며 미래를 저버리는 재능의 소유자다

젊은 MB가 종횡무진 빈 자리 오간다면 늙은 폭군은 동분서주 한 자리에 집착하리라

* 기독교의 정치 참여와 경상도 출신 정치인을 비하한 조어

꽃의 현상학

바람이라도 나서 겁탈당하고 싶은 이 눈부신 봄날, 서슬픈 바람의 혀가 나무에게 귀엣말로 속삭이네 한순간 애지도록 탱탱 부푼 옹알옹알 젖망울 소리에 딸이 진저리치며 초경을 터뜨리고 서성거릴 무렵

십여 년 애지중지 한쪽 서랍에 넣어둔 파카 만년필, 청탁 원고를 쓰기 위해 무심코 뚜껑을 여는 찰나 날카로운 각을 세워 야윈 발등부터 찍고 나서는 굴렁굴렁 손에 닿지 않는 성가신 장소로 굴러가네

하얗게 내지른 비명에 딸의 얼굴이 사색이 될 때 발을 감싸쥔 그가 꽃의 현상학을 탈고 중이었다네

이기적이란 말

　이기적이란 말은 이와 기를 나누는 데 쓰인다 기는 일에만 익숙한 이라면 단단히 뭉친 혈이라도 물어뜯고 싶다 이는 죽은 몸에서 기 나오기 마련이다 이 같은 기는 하늘에서만 아우성친다 나를 향해 이기는 일에만 골몰하느라 죽고 싶은 것이다 염낭거미가 어미의 살을 내주는 행위에 초점에 둔다면, 살모사는 어미를 잡아먹는 패륜아 의식으로 편집된다 이기의 힘에 따라 어미의 타자성을 운운한 명백한 오류다 이미 기가 이에 앞섰다고 떠미는 상투적 논리와도 같다 귀한 이가 아프다는 핑계로 오랜 손님에게 적을 둔 이기철학이다 이기적이란 기와 이가 동시에 연대하는 이미란 부사다 너를 향해 화려하게 주문을 건 꽃집의 형상이다

인사 청문회

문청 시절 인사동을 주름잡던 P대학 특임교수 K씨가 재단의 인사 청문회에 회부된다는 풍문이 떠돌았다 죄목은 신임 총장에게 고개를 숙이지 않았다는 것이다 K교수에 따르면 밝은 인사란 행정에 관한 사람의 일이므로 박봉으로 노역에 처한 자신이 받아야 한다는 입장이다 즉 젊은 총장이 비정년 퇴임을 목전에 둔 노교수를 위하는 게 마땅하다는 취지다 그에게 저명한 인사란 늘 먼저 악수를 청하고 뒤통수를 치는 미션mission이기 때문이다 학내에서도 의견이 분분한 가운데 상호 편향의 수입에 따른 고압적 인사법은 사절할 요량이란다 한 시절 진로를 고민하던 K교수가 가난한 소주병을 탁자에 모셔놓고 밤새 꾸벅꾸벅 인사를 올린 배경이다 결국 그는 인사 불성의 몸으로 귀가하던 도중 뺑소니차에 치어 구원을 얻었다 한평생 극진한 겸양의 자세로 몸소 섬긴 신의 선물이 아내였던 셈이다 이와 같은 K교수의 완강한 처세에 대해 조만간 총장 비서실에서도 이에 상응하는 적절한 방안을 도모할 예정이다

메르스 변화 추이에 관한 고찰

 그의 힘찬 볏만 우러르던 여자 중에 소위 순종파를 이끄는 바이러스가 있다 WHO에선 전통적인 순정파라 치부하지만 외신에서는 중동의 변종파라 입을 맞춘다 이 외래 바이러스의 출현에 의학계는 왈칵 뒤집혔다 후다닭 정부는 새의 똥에서 추출한 성분으로 백신 개발에 몰두한다는 의사를 전달했다 그러나 이 모호한 악성 바이러스는 따뜻한 몸을 떠날 의사가 없는 게 분명했다 독재에 길든 토종의 유전자가 골수를 차지했기 때문이란다 그녀가 아는 그도 순종바이러스에 감염되었다는 삐라까지 나돌았다 조만간 순종파와 순정파를 나누어 유전자 분석에 들어간다는 기사가 인터넷에 떴다 순종과 순정이 결합된 중동의 변종 바이러스의 악영향에 한반도가 들끓었던 것이다 그가 허공에 걸린 그네 위로 푸다닭 옮겨간 국면이다 그녀가 키운 남자 중에 볏이 까맣게 탄 순종파라 일컫는 바이러스가 산재한다

제4부

너트의 블랙홀

삶은 올갱이에 바늘을 찔러 넣으면
하와를 꺼낼 수 있다

외약의 방향으로 틀린 볼트란 껍질에
함부로 집어넣은 제 살들
한 시절 물살의 힘에 유폐되느라

돌올한 집착의 혀로 남아
목마르게 꼬인 그리움
다닥다닥 크나큰 바위를 탐했던가

최초로 자신의 궤도를 찾아 돌다
유형의 몸을 얻은 날
돌로 굳은 몸이 아담의 바늘에 찔렸다

그날 이후 너트라는 껍질을 뒤집어쓴
적막한 블랙홀이 생겼다

유리한 고백

 나는 누구보다도 액자의 유리에 자주 얼굴을 비춰보는 면책 시인입니다 불타는 눈길로 유리의 태생적 형질까지 더듬으며 해독을 요구합니다 난간에 목을 건 창의 정신을 볼모로 모든 실험적 방종을 용서받았기 때문입니다 유리의 투명한 결정 앞에서 비로소 나는 그간의 불온한 실책을 시인합니다

 덜컹덜컹 바람과 유리된 태양의 텍스트를 읽고 나서야 새로운 얼굴이라 믿었던 나의 액틀을 집어던졌습니다 불투명한 의식까지 와장창 파편의 날개를 펼친 순간 유리의 일원이 된 것일까요 이제야 유리의 칼날 앞에서 나의 투명한 과오를 자백합니다 이제사 면책 시인으로 가는 막막한 실패의 길이 열렸습니다

괄호의 불문율

 그녀는 미혼인데도 가로와 세로로 찢어진 두 개의 상처가 있다 빨갛게 노출된 환부는 하루에 한 번씩 보색을 달리하는 자신만의 괄호로 묶는다 가로로 누운 상처는 가볍게 들쑤신 외부의 힘에 기대서야 민감한 몸을 일으키기 때문이다 은밀한 부위에서는 한 달에 한 번씩은 꼭 울컥울컥 피를 토하는 통증에 시달리기도 한다 그 상처를 위무해 준다는 빌미로 혀를 들이댄 사내들만 해도 부지수다 그러나 그 상처의 통증은 아무도 치료해 주지 못했으므로 늘 제지당하는 수모를 겪었다 무식한 사내들은 그 상처가 입술인 줄 알고 대화를 통해 소통하고 싶었던 것이다 그녀는 사내들의 돌올한 상처에는 늘 무관심과 침묵을 일삼는다 그들이 상처가 두 개인 슬픔을 헤아리지 못하기 때문이다 아무리 입막음하기 위해 진저리를 쳐도 세로로 하얀 진물만을 토해낸다 사내들은 그녀의 오르가즘이 몸이 아니라 순결한 영혼에서 비롯된다는 사실을 모른다 그들이 늘 새로 난 그녀의 상처를 꿰매는 법을 알 리가 없다 하나의 가로로 열린 자가 두 개

의 괄호를 닫는다는 것은 애초부터 불가능했던 것이다

불량한 시계의 힘

 초침초침 경쾌한 보폭으로 느린 생을 이끌고 가는 세계가 있다

 앞으로만 내달리다 보면
 거기 멈출 일이 있다는 것도 믿다가
 아득히 어두워지는 당신의 시계

 미처 다다르지 못한 세계가 없다는 듯
 늘 높고 낮은 눈썹을 세워보는
 불량한 시계의 영역이다

 끄덕끄덕 전속력으로 질주하면서
 한 분을 이끌고 가다가
 마침내 육십 분이 한 시에 만난다는 걸 믿는
 외로운 당신의 시간이 있다

 문득 뻐꾸기 한 마리 먼저 내보내

무료한 세계에 시시각각 경종을 울려주며
시치미 뚝 뗀 세계가 있기 때문이다

가장 날렵하고 긴 보폭으로
가장 미량의 생이 무거운 까닭이 무엇이냐고
결코 나에게 묻지 마라

시침시침 느리고 경직된 몸에서 떼어야 살아나는 시계가 있다

코끼리 증후군

코끼리 울음 흉내내는 건 그를 밟고 싶다는
상대의 말이지 '보고 싶다'라는
그녀의 상앗빛 문자를 받을 때마다
나는 스스로 억누르고 싶지
답글조차 오물오물 씹는 엉덩이 자세로

씹하고 싶지 그녀의 겨드랑이 더듬으며
까끌까끌 까끄르르 제모의 흔적에 찔린 듯
희디흰 그녀의 둔부 마악 일깨운 듯
터치, 터치 후레시하게 싱싱한 암내 풍기지

밀림의 코끼리도 상형의 발굽으로 질주하지
포르테 포르테 피아니시모로 뒤집혀
외마디 비명을 질렀지 콧김의 기율에 따라
질척질척 깊고 질긴 늪지를 돌아 나왔지

코끼리 울음 저장한다는 건 그녀가 연주하던

'죽고 싶다'는 마지막 말과 동의어
차디찬 태양의 적도에서 그가 아득해진다면
나른나른 한밤의 난기류에 섞였다면
저 악상 감히 누가 받아 적을 것인가

잠수 탄다는 말

 근자에 들어 시인이자 대학교수인 K의 주위엔 잠수 탄 이들이 즐비하다 그 일은 그가 정년퇴임을 앞둔 은사의 시를 탐구하는 편저의 일을 도맡아 청탁하면서부터 빚어졌다 작품론 원고가 최소한 석 달에서 다섯 달까지 미루어지기 일쑤였다 그러다가는 돌연 연락이 두절된 평론가나 시인, 교수들도 겉잡아서 예닐곱이다 친밀한 K의 무관심에 밀려났던 내연의 여인 L도 카카오톡에서 사라진 지 2개월이 넘었다 그녀의 지인들 또한 겸연쩍었는지 속속 자취를 감추었다 그와 함께 대학원 학위 과정 학생들을 지도하던 석좌교수 C도 최근 K의 문자에 묵묵부답이다 대학원생 수를 늘리자는 그의 말에 따라 주위에서 적격자를 물색했단다 그들의 의사를 타진하기만 하면 이리저리 핑계를 뽑다가 잠수를 타는 통에 연락이 끊긴 제자들도 부지기수란다 따라서 K가 이즈음 공공연하게 내세우는 게 바로 이 잠수 탄다는 말이다

 잠수란 말의 숨을 길게 들이켜서 은폐하는 그의 시업

과 별반 다르지 않은 일이었기 때문이다

차이에 관한 생각

"아빠! 차가 왜 빵빵거리는지 알아?"
"글쎄…"
"왜냐면... 차에 아빠가 기름만 주잖아, 그러니까 빵 달라고 빵빵거리는 거야!"

"아빠 그럼 이가 왜 두 번 나는지는 알아?"
"왜 그런데?"
"응, 2니까… 오리처럼 꽥꽥대며 빵을 많이 먹으려고"

생각이 생각을 낳아 생각의 방울로 맺히는 순간
그놈은 나에게 비눗방울놀이를 하자고 졸랐다

제3의 눈
– 손끝으로 글자를 보다

예로부터 호모 파베르Homo Faber*라 불리던 불특정다수의 인간들은 따뜻한 몸에 깃든 언어보다는 자신의 형상으로 얼린 언어에 몰두하느라 저마다의 깊은 동굴에서 은거했다

그간 급속도로 진화를 거듭하던 시간은 2001년 대만 대학교 앞에서 휴지된다 학생들이 검은색 안대로 눈을 가린 채 손으로 글자가 적힌 주머니 속의 종이를 만지작거리더니 잠시 후 무어라 끄적인다 '27, 東, 물고기' 등 그들이 꾹꾹 연필심으로 적은 글자들은 주머니 속의 글자와 포개지듯 일치했다 손끝으로 글자를 읽는다고? 1962년 세계 최초로 '손가락 읽기'를 선보인 로사 쿨레쇼바, 그녀는 손끝으로 점자를 읽다가 글자를 보는 눈을 터득했단다 이에 전기공학과 교수 리쓰천은 7세~13세의 학생을 모아 한자, 영어, 수학 공식을 검은 주머니 안에 넣은 후 하루 2시간씩 4일에 걸쳐 진행한다 그 후 29명의 학생 중 10명이 종이에 적힌 글자를 짧게는 2~3초, 길

게는 몇 분 만에 제대로 읽어냈다는 새로운 보고서를 꺼내 든다

 학생들은 '빨간색 숫자 13', '초록색 학교' 한약 냄새가 난다는 '약사불藥師佛'** 등의 이미지와 '예수'라고 쓴 종이에서는 하얗고 밝은 빛과 십자가를 보았다는 진술을 얻어낸 것이다 실제로 피실험자들의 체온과 뇌 활성도의 변화를 측정한 결과 눈으로 인식할 때와 마찬가지로 시각 반응 피질이 활성화된다는 사실도 참고 자료로써 추가했다 이러한 연구 결과를 근거로 하여 손가락으로 볼 때 반응하는 뇌의 영역을 리쓰천 교수는 '제3의 눈'이라고 명명한다 1960년대 소련의 심리학자 아브람 노보메이스키도 눈을 가린 채 각기 다른 종이의 색깔을 맞히는 실험을 진행했다고 알려져 있다 놀랍게도 이건 청색, 또 이건 보라색 등 일부 학생들이 열 개 손가락만으로 다양한 색깔들을 정관한 것이다

 다수의 학생들은 하나같이 색상에서 각기 다른 특정한 감촉을 공유했단다 학생들은 청색에서는 부드러운

감촉, 노란색에서는 미끌미끌한 느낌, 빨간색에서는 끈적끈적한 질감과 보라색에서는 자극적인 감각이었다고 입을 모았다는 것이다 리쓰천 교수에 의하면 손가락으로 글을 읽는 건 인간의 생래적인 면목이라 단언한다 그 몸의 눈이 후천적 언어에 의해 억압되기 때문에 성인에겐 미약하지만, 생기가 투명한 소년일수록 아주 쉽게 만져진다는 것이다 따라서 훈련을 통해 강화하지 않으면 사용 빈도수에 따라 퇴화된다는 위기설까지 제기한다 그렇다면 어떻게 눈이 아닌 손끝으로 형상을 인지할 수 있다는 것일까? 그는 학생들이 유독 예수와 붓다 같은 언어를 기호로 인식하기보다는 그와 인접된 이미지로 현상했다는 점에서 또 다른 영적 세계를 가리키는 좌표라 믿었던 것이다

　이와 같이 손끝으로 초감각적 지각을 발휘하여 또 다른 영적 세계를 보게 되므로 언어의 형상을 목도했다는 게 리쓰천 교수가 정립한 가설의 골자였다 그러나 대부분의 학자들은 영적인 힘으로 본다는 논리는 어불성설

이며, 그건 파장 때문일 거라고 뾰조록 입을 맞춘다 모든 생명체와 물질은 색깔이나 모양에 따라 특정한 파장을 지니고 있는데, 이러한 고유한 파장대가 미세한 간섭을 일으킨다는 것, 즉 이러한 간섭을 아주 예민한 사람의 경우 눈이 아닌 다른 신체 기관으로도 감득할 수 있다는 설명이다 그 실례로써 1979년 귀로써 글을 읽는 중국의 12세 소년 탕유와 하버드대학교의 박사 데이비드 아이젠 버그의 실험에서 겨드랑이로써 글을 읽는 중국 소녀의 사례를 통한 반박 보고서가 제출되기도 했다

몇몇 학자들의 이러한 견해에 대해 리쓰천 교수는 소녀에게 아직 일어나지 않은 일에 대한 질문인 '미국이 아프가니스탄을 공격할 것인가?'에 대해서 '네!' '미국이 빈 라덴을 잡을 수 있을 것인가?' '네!' '외계인이 지구에 올 것인가?'라는 질문에는 '그들은 이미 지구에 있지 않은가!' 등 소녀가 문장을 정확하게 읽었으며, 훗날 일어날 일까지도 오롯이 손끝으로써만 맞혔다는 것이다 그러므로 초감각적 지각으로써 또 다른 영적 세계에 눈을

뜬 사례라는 리쓰천 교수의 가설은 가파른 파급력을 일으키기 시작했다 나아가 그는 "아주 큰 진전을 이룬 거죠 다른 세계가 있다는 과학적인 증거니까요"라고 너털웃음을 날리며 지금도 연구에 몰두하느라 두문불출 모호한 영적 화두만 슬쩍 던져 놓았던 것이다

   근자에 들어 호모 로켄스Homo loquens***란 불특정소수의 인간들은 낡은 언어의 형상에 눈을 감는 일보다는 저마다의 몸에 새겨진 낯선 제3의 눈에 영점을 잡았다

---

* 도구적 인간
** 육체의 병을 치유하여 깨달음으로 인도하는 부처
*** 언어적 인간

사랑의 파테르

나는 당신의 앞에 꿇어앉아 허리 잡힌 자세를 취합니다

내 생애를 뒤집어 돌려줄 날을 꿈꾸며
선뜻 당신에게 이점을 내주는 나의 계산법

나는 언제든 당신의 얼굴 뒤에서 존재하는 까닭입니다

독도법

시가 쉽게 쓰여지는 것은 부끄러운 일이라는
어느 시인의 말에 나는 동의하지 않습니다

시는 황홀한 고통의 마그마로 터져 나와
차디찬 화석의 지형도를 남기기 때문입니다

그렇다고 어렵게 쓰여진 시가 자랑스럽다는
그 어떤 시인의 말에도 동의하지 않습니다

시는 자신을 삭제하고도 표기할 수 없어
낯설게 터지는 외면의 기호이기 때문입니다

마음의 불에 관한 명상

예에 교종의 거두인 덕산이 선종의 거사인 용담이란 중과 일합을 겨루러 찾아가는 길이었다

교종을 등진 선종의 불길을 잡겠다는 기세로 주유천하하던 차에 용담사에 이르렀다 때는 바야흐로 땅거미가 드리운 유시인지라 찌르르 딱 배가 고파 점심點心, 즉 '마음의 불'을 켜고 싶었던 것이었다 그런데 바랑에는 자신이 주해한 청룡소초*밖에 없는지라 난감하던 차였다 그때 빈대떡을 부치던 노파가 이런 그 딱한 사정을 헤아린 듯 자신의 어둔 마음에 불을 켜달라고 간청했다 금강경이란 초 한 자락에 점화를 한다면 그 빈대떡을 주겠다는 것이었다

그 노파가 눙친 눈빛으로 이르되 "저 캄캄한 갠지스 강의 모래알 수만큼의 강이 있고 또 그 강의 모래알 수만큼의 인간의 마음이 있는데 나는 그것을 다 헤아릴 수 있다 그 까닭이 뭔지 아느냐? 나는 마음이 아니기 때문이니라! 과거의 마음도 얻을 수 없고 현재의 마음도 얻

을 수 없고 미래의 마음도 얻을 수 없다'고 금강경 제18분에 나와 있는데, 당신은 무슨 마음[心]의 불을 공짜로 점[占]하려 하십니까?"라고 자문자답하듯 부드럽게 일갈하는 것이었다

용담사에 이르러 여장을 풀고 극진한 저녁 공양을 마친 덕산이 주지인 용담의 희부연한 방의 문간에서 쭈빗쭈빗 어른거리자 "이제 그만 가보거라!"고 넌지시 권했다 그러자 "문밖이 너무 어둡습니다"라며 덕산이 무명의 그늘에서 불씨를 청하자 용담이 부싯돌과 초를 들고 나와 점화한 직후!~ 불어 꺼버리는 순간 그는 아득하도록 환한 불로 떠돌았습니다

이 일화를 어떤 방식으로 밝혀야 해석학적 오류에 빠지지 않겠는지 당신은 아시겠는지요?

* 금강경에 주석을 단 자신의 책

메타포 무타포어

　사내들의 손에는 구릿빛으로 현전하는 불의 노가 쥐어져 있다 검은 구름의 주문에 따라 불이 수직으로 춤을 춘다 까슬까슬 부서진 자모들과 낮달의 눈썹 같은 메타포, 아무도 풀어내지 못한 모래의 말에 귀 기울여 본다 티어나*의 화려한 옷깃에 따라 회오리가 피어난다

　호수 속에 잠자는
　호수 속에 잠자는
　티어나 티어나여
　오로라로 피어라
　오로라로 피어라**

　푸르른 호수의 노트를 펼치자마자 무타포어 경기가 열렸다 어디선가 환하게 그늘진 마두금의 언어가 도열한다 회오회오 호흡에 맞춰 물을 헤집는 가열한 노질, 어지럽게 난반사되는 물의 얼굴을 더듬어본다 아무도 형상을 짓지 않아 누구도 필사하지 못한 불의 책이었다

〉

  아직도 사내들의 눈엔 까맣게 봉인된 불의 온점이 남아 있다

* 에스키모 신화에 등장하는 불을 관장하는 신의 딸
** 에스키모인들의 제신가(祭神歌)

아름다운 병

　사랑은 확실히 몸부터 돌진하여 자신을 던진다 감감한 화염의 불을 뿜는다

　지독한 사랑이란 자유에 닿기 위해 비상의 몸을 부서뜨린다 바스락 주검의 약이 된다

　누군가를 향해 전 생애를 던진 사랑의 화염, 이것은 고독한 극약의 병이다

해설

말놀이의 시학

고봉준(문학평론가)

1.

 문학은 언어 안에서 다른 언어를 창조하는 행위에 부여된 이름이다. 글쓰기는 말 이상의 것으로 수용되는 말들을 산출할 때 '문학'이 되며, 이는 문학이 언어인 동시에 언어 이상의 것, 말인 동시에 말 이상의 것이라는 의미이다. 이 정식에서 처음에 등장하는 '언어'와 나중에 등장하는 '(다른) 언어'는 같은 것이 아니다. '언어'라고 동일하게 표기할 수밖에 없지만, 사실 그것들은 '언어'라는 동일한 기호로 지시될 수 없다. '문학'은 바로 이 진술을 이해하는 것에서 시작된다. 문학이 언어예술이라는 것은 상식에 속한다. 하지만 '언어예술'이라는 말 속에는 그것이 언어로 표현되었다는 단순한 사실만이 아니라 '언어' 자체를 문제로 삼는 예술 형식이라는 의미가 포함되어 있다. 이때 문제의 대상이 되는 언어가 바로 첫 번째로 등장하는 '언어'이다. 물론 '언어'가 저 홀로 '언어'가 될 수는 없다. 그것은 랑그 없는 파롤이 발화될 수 없는 것과 같은 이치여서, '언어'는 다양한 시적 대상에 관해, 또는 시인의 생각이나 감정, 느낌 등을 표현함으로써 구체화될 수밖에 없다. 요컨대 문학은 언어 실험일 때조차 '언어'의 문제로만 환원되지 않는다. 거기에는 이미-항상 글쓰기 주체, 글을 쓰는 행위, '언어'를 둘러싸고 있는 다양한 맥락, 그리고 무엇보다도 '언어-글쓰기'를 지배하고 있는 법칙들과 그것을 수용, 소비하는 공통적인 문법이 개입되어 있다. 마찬가지로 '언어' 자체를 문제 삼기 위해서는 문학이 어떤 방식으로든 '언어'를 사용/활용해야 한다. 이러한 특징으로 인해 문학, 즉 글쓰기는 개인의 고독한 작업일 때조차 항상 역사적·정치적 행위로 간주된다.

강희안 시인은 두 번째 시집 이래로 특유의 말놀이를 통해 '문학-언어'의 역사적·정치적 의미를 드러내는 데 진력해왔다. 나는 오래전에 강희안의 시적 경향에 아래와 같이 설명한 적이 있다.

> 강희안의 신작들에서 가장 돋보이는 것은 기성의 언어체계에 '구멍'을 내는 언어 감각이다. 구멍이란

무엇인가? 상식적 이해를 혼란에 빠뜨리는, 그리하여 언어에 대한 새로운 감각과 시적인 것의 새로운 지평을 제시함으로써 시에 대한 통상적 이해를 불가능하게 만드는 전략적 언어이다. 상식적인 의미의 체계에 근거해서 강희안의 시를 읽으면 우리는 항상 시인이 파놓은 허방을 딛게 된다. 언어학적으로 말하자면 '구멍'은 상상력을 통해서 기표와 기의의 간극을 넓히거나 채우는 일이며, 이를 통해서 기존의 언어 관념을 해체하고 새로운 감각과 정서를 생산하는 행위이다. 그리하여 구멍의 언어 안에서 시는 실용적이고 일상적인 의미체계를 상실하고 언어 그 자체라는 불변의 진리를 드러낸다. 실험적 전략으로서의 '구멍'은 기성의 언어와 구별되는 새로운 언어의 발명을 목적으로 삼기보다는 관습화된 지배적 언어를 더듬거리게 만드는 데 집중한다. '구멍'의 언어는 결코 초월적이지 않다. 현대시에 있어서 '구멍'은 세속적 메시아이다. 이 '구멍'의 존재로 말미암아 기표와 기의 사이에는 크레바스가 생긴다. 시에 있어서 이 '구멍'의 전략이 의도하는 바는 분명하다. 그것은 서정성의 외부에서 시적인 것의 현대적 의미를 발견하는 것이다. (고봉준, 「희언(戱言), 시를 벗어난 치명적인 시」 중에서)

우리는 위에서 두 개의 언어에 대해 이야기했다. 먼저 등장하는 '언어'는 우리가 교육 등의 사회화 과정을 통해 습득하고 타인과의 대화 같은 일상적 상황에서 사용하는 '언어'이고, 나중에 등장하는 '언어', 즉 '(다른) 언어'는 시인들이 작품을 창작할 때 쓰는, 그리하여 의미 전달이 중요한 도구적/수단적 기능의 언어와 다른 문학적 언어이다. 한때 이들 두 언어를 실체적으로 구분하려는 시도도 있었다. 하지만 '언어'와 '(다른) 언어'가 실체적으로 구분된다는 주장은, 그리하여 각각의 단어에 대해 그것이 '언어'인지 '(다른) 언어'인지 구분하려는 태도는, '문학'과 '삶(현실)'이 완전히 구분되는 별개의 세계라는 말처럼 허황된 것이다. 문학은 '언어' 안에서 글쓰기 작업을 진행하되 그것을 '언어'의 방식이 아닌 '(다른) 언어'의 방식으로 사용하는 행위이다. 그러니까 '언어'가 없으면 '(다른) 언어' 또한 존재할 수 없다. 이런 이유로 인해 시에 관한 질문은 항상 '언어'에 관한 이야기로 시작된다. 위의 인용에서 나는 '언어'에 대한 시인의 문제의식이 "시적인 것의 현대적 의미"와 맞닿아 있다고 썼다. 요약하자면 강희안에게 '언어'는 시적 현대성의 문제와 연결되어 있다. 현대시의 기원과 특징에 대해서는 다양한 시각이 존재하지만 '언어'의 층위에서 시의 현대성을 이야기할 때는 말라르메에서 발레리로 이어지는 상징주의의 계보가 가장 일반적으로 언급된다. 시에 관해서라면 이들의 사유 또한 '(다른) 언어' 문제에서 시작되었다. 어떻게 오염된 언어로부터 벗어날 것인가, 발레리의 질문은 바로 이것이었다.

  철학자 들뢰즈는 프루스트의 말을 빌려서 "훌륭한 작품은 일종의 외국어로 쓰여져 있다"라고 말한 적이 있다. 이 진술의 핵심은 '일종의'라는 표현에 있는데, 그것은 이때의 '외국어'가 영어, 불어, 독일어 같은 다른 국가의 언어를 가리키는 것이 아니기 때문이다. 여기서의 '외국어'는 '언어' 안에서 '다른 언어'를 창조한다고 말할 때의 그것, 즉 '다른 언어'와 유사한 것이다. 그것은 진짜 외국어가 아니라 표준적인 '언어'를 더듬거리게 만든 것, 예컨대 일정한 변형을 가하는 것은 물론이고 의미 전달의 도구가 아닌 방식의 사용법을 창안하여 쓰인 언어인 셈이다. 위의 인용에서 나는 그것을 "기성의 언어체계에 '구멍'을 내는 언어 감각"이라고 표현했다. 이상의 설명을 정리하자면 이렇다. 그것을 '(다른) 언어'라고 부르든 '일종의 외국어'라고 부르든, 혹은 "기성의 언어체계에 '구멍'을 내는 언어 감각"이라고 부르든, 명칭은 그

다지 중요하지 않다. 중요한 것은 '언어'의 층위에서 현대시의 현대성은 기성의 언어체계가 아니라 그것을 전혀 다른 방식으로 변용하여 언어의 새로운/낯선 용법을 창안하는 데서 시작된다는 점이다. 강희안의 시에서 '언어'는 정확히 이러한 문제의식 하에서 이해되어야 한다.

2.

 그렇다면 언어 안에서 다른 언어를 창조하는 일은 어떻게 가능할까? 이것이 강희안의 시집을 읽을 때 우리가 눈여겨보아야 할 지점일 것이다. 앞에서 설명했듯이 그것은 기존의 언어체계를 해체-재구성함으로써, 또는 새로운 문법 체계를 수립하여 기존의 언어 질서를 혼란스럽게 만듦으로써 가능하다. 물론 기존의 언어 질서를 파괴하는 것 자체가 문학은 아니다. 문학은 새로운 언어를 창안하는 것이니, 그 과정에서 기존 언어 질서를 파괴하는 것은 새로운 것을 만들기 위한 창조의 일부일 뿐 그 자체가 목적은 아니다. 요컨대 '해체시'는 파괴하는 시가 아니라 새로운 것을 만들기 위해 기존의 것을 해체-재구성하는 시이다. 자, 그렇다면 기존의 언어 질서 또는 언어체계를 가지고 어떻게 새로운 언어를 창조할 수 있을

까? 직관적으로 몇 가지 경우의 수를 상상할 수 있을 것이다. 특정 사물에 대한 기호를 바꾸는 것, 예를 들면 일상적 세계에서 '개'라고 불리는 것을 '고양이'라고 쓰는 방법을 생각할 수 있다. 물론 이러한 기호 변경은 한 편의 작품 또는 한 권의 시집 안에서 일관성을 지녀야 하며, 그렇지 않을 경우에는 개인적 방언 내지 암호로 전락해 버린다. 다음으로 문어체 대신 구어체를 쓰거나, 조사를 생략하거나, 띄어쓰기를 무시하거나 전혀 다른 방식으로 적용하는 등의 문법적 일탈/실험이 가능할 것이다. 누구나 한 번쯤은 '아버지가 방에 들어가신다.'라는 문장을 '아버지 가방에 들어가신다.'처럼 발화하면서 즐거워한 경험이 있을 것이다. 또한 음성적 동일성을 활용한 말놀이(pun)나 행간 걸침(enjambement)을 활용함으로써 해석적 모호성을 증폭시키는 것도 가능할 것이다. 이러한 방법 외에도 시에서 실제로 쓰이는 일탈/실험의 사례는 상당히 많다. 20세기 초 유럽에서 사용된 캘리그램(calligrams), 형태시(shaped poetry), 입체시(cubist poetry) 등도 비록 층위는 달랐어도 '언어'의 문제에 대한 시적 반응의 사례들로 평가할 수 있다.

    신이 발이라고 믿던 시대는 갔다 신은 신이고 발은

발이다 발이 신이 아닌 이치와 같다 헌 신이 새 신과 구별되는 것은 헌신적이기 때문이다 새 신을 찾아 방황하는 누군가는 헌 신짝이 되어 버렸다 발이 주인이란 믿음에도 균열이 일기 시작했다 모자도 어머니가 주인이란 말보다 관이 주인인 경우가 허다했기 때문이다 죽음이 신을 주관하는 것이 아니라 삶이 발을 억압한다 그것은 누가 보아도 지극히 합당하다 헌신적인 헌 신짝이라고 말하는 건 상투적이다 헌신적인 헌신은 아무짝에도 쓸모가 없기 때문이다 그렇다고 누군가 헌 신에다 새 발을 밀을 넣는 것도 겸연쩍다 헌신적인 새 발은 허공을 부유한다 누구보다도 긍휼했던 예수의 헌 발도 이미 세상을 떴다 새 몸에는 신의 발이 들어 있기 때문이다

—「주관적인 신에 관한 담론」 전문

알다시피 우리말에서 '신'이라는 하나의 기호는 맥락과 발음 등에 따라 다양한 의미를 지닐 수 있다. 흔히 동음이의어라고 명명되는 이러한 기호를 활용하여 언어유희를 펼치는 것, 동시에 의미의 모호성을 증폭시킴으로써 언어 기호에 대한 상투적 감각에 충격을 가하는 방식은 강희안이 자주 사용하는 새로운 언어 창조법이다. 시

인은 언어 기호를 이런 방식으로 변용(變容)하는 행위에 '주관적'이라는 평가를 부여했으니, 말 그대로 이 시는 '신'이라는 기호를 주관적 방식으로 변용함으로써 시가 새로운 언어를 창조하는 과정으로 읽어도 좋겠다. 그런데 '신'은 '신(神)'처럼 홀로 쓰일 수도 있지만 '신발', '헌 신'처럼 다른 기호와 결합하여 사용될 수도 있다. "신이 발이라고 믿던 시대는 갔다"라는 진술은 이러한 아이디어에서 기원한 것이라고 말할 수 있다. 그런데 어떤 이들은 시인의 이러한 언어감각, 특히 언어유희(pun)에 대해 비판적인 태도를 취하기도 한다. 예컨대 '시가 이렇게 말장난이어도 되는 거야?', '이런 게 시라면 나도 얼마든지 쓰겠어.' 같은 반응이 대표적일 것이다. 이런 비판이 자주 등장하는 이유 가운데 하나가 이것을 '언어유희', 즉 말장난이라고 표현하기 때문일지도 모르겠다. 우선 동음이어 현상을 활용한 언어유희(pun)는 단순한 '말장난'과 달리 기존의 언어체계를 뒤흔들려는 저항/해방에의 시도라는 점을 이해하는 것이 중요하며, 일반적인 말장난과 달리 시에서, 특히 강희안의 시에서 그것은 '의미'와 동떨어진 것이 아니라는 점이 주목되어야 한다. 실제로 하나의 동음이의어를 가지고 말장난을 이어가는 일은 특별히 어려운 것이 아닐 수 있지만, 거기에

뒤따르는 진술들이 '의미'의 층위에서 일정한 내용을 포함하고, 나아가 이러한 '말장난'이 반복을 통해 하나의 문학적 스타일로 형성되도록 만드는 일은 생각보다 훨씬 어렵다. 게다가 위의 인용시에서 드러나듯이 '신'이라는 기호는 '신-신발-헌 신-헌신적' 등처럼 증식하는 특징을 보여준다.

한편 「이기적이라는 말」에서 시인은 '이기적'에서의 '이기(利己)'를 '이'와 '기'라는 두 개의 기호로 분리함으로써 '이기'에 새로운 의미를 부여한다. '이기(利己)', 즉 자신의 이익만을 꾀한다는 뜻의 단어는 소리의 층위를 따라 '이'와 '기'로 분할되는 순간 전혀 다른 방식의 성질을 갖게 된다. 가령 "기는 일에만 익숙한 이라면"처럼 시인은 '기'를 기다(crawl)의 의미로, '이'를 사람(-person)으로 각각 활용한다. 또한 "나를 향해 이기는 일에만 골몰하느라"처럼 '이기'를 '이기다(win)'로, 나아가 "이기철학", "이기적이란 기와 이가 동시에 연대하는 이미란 부사다" 등처럼 활용한다. 이러한 활용방식을 염두에 두고 「이기적이라는 말」을 다시 읽으면 이 시에 등장하는 '이', '기', '이기' 등의 시어들이 쉽게 읽히지 않음을 경험할 수 있을 것이다. 기존의 언어를 더듬거리게 만든다는 것은 이런 것이 아닐까.

요즘 매스컴을 떠들썩하게 제조한 '농약 사이다'는 지독한 은유다 그는 '사이다'와 '농약' 중 어떤 말로 선을 잡을지 늘 망설인다 머리에 농약을 친다는 것은 사이다의 김을 빼는 일이기 때문이다 가까스로 선한 사이다를 내밀 경우 명사의 포즈를 취했던가 소액을 건 화투를 치다가 언쟁을 벌인 일로 박씨 할머니(83세)가 사건의 주어로 낙인찍혔다 조만간 그가 어떤 패를 내밀지, 앞으로 무슨 패가 따라붙을지 지켜볼 일이다 이 비정한 명사의 서술어가 '사이다'이므로 또 다른 두 할머니는 이미 고독성 삶을 주검으로 요약했다 사소한 화투에서 끄집어낸 잔혹한 어투는 얼마나 낯선 발상인가 깊은 혼수에서 깨어난 피해자 신모 할머니(65세)는 용의자인 "박씨 할머니와 사이좋았다"고 진술했다 우리말의 성격상 피해자는 가해자의 심리와 동떨어진 농약 사이였다 그의 은유가 아름다운 건 '농약 사이다'를 '사이다 농약'으로 뒤집었기 때문이다

　　　　―「농약 사이다는 지독한 은유다」 전문

이 시를 제대로 읽기 위해서는 "이 비정한 명사의 서

술어가 '사이다'이므로"라는 진술을 이해해야 한다. 알다시피 우리가 익히 알고 있는 '사이다'는 '명사'이다. 그런데 시인은 "서술어가 '사이다'"라고 쓰고 있다. 본격적인 말놀이를 시작하기에 앞서 일종의 힌트를 제시한 것이 아닐까? 실제로 이 시는 '사이다'를 '명사'로 읽느냐 '서술어'로 읽느냐에 따라 상이한 읽기가 가능하다. '사이다'라는 단어는, 특히 그것이 "매스컴을 떠들썩하게" 만든 사건과의 관계 하에서는 더욱, 탄산음료수로 읽힌다. 누구나 '사이다'라는 단어를 접하면 사이다(cider)라는 상품을 떠올리기 마련이며, 그것은 농촌 마을에서 '농약 사이다'를 마시고 노인이 사망한 사건이라는 맥락에 의해 한층 강력해진다. 문제는 '사이다'에서의 '사이'와 관계(relation)를 뜻하는 '사이'가 음성적·형태적으로 동일하다는 점이다. 물론 '농약 사이다'에서 '사이'를 관계(relation)의 의미로 이해할 사람은 없겠지만 '사이다'라는 기표 자체만 놓고 보면 그것이 고유명사인지 관계(relation)를 의미하는 서술어인지 모호하다. 이처럼 강희안은 음성적·형태적 동일성/유사성에 착안하여 일상적인 표현과 그것에 대한 이해를 지속적으로 교란시키는 방식을 통해 새로운 언어를 생산해낸다. 그에게 시 쓰기는 '언어'의 질서를 해체-재구성하는 과정과 별개가 아니며, '언어'에 대한 감각과 자의식은 강희안의 시 세계 전체를 관통하는 본류(本流)라고 말할 수 있다. 중요한 것은 이러한 창작 방법이 우연적이거나 일회적이지 않고 반복과 변주를 통해 하나의 스타일을 구축하고 있다는 사실이다. 「눈물의 편력」에서 '짜다'가 짜다(weave), 짜다(salty), 짜다(wring)로, 「참여시를 대하는 방식」에서 '참여'가 참여(participation)와 참여(engagement)로, 「간에 대한 오류」에서 '간'이 간(liver)과 간(seasoning with salt)으로, 「불경기엔 간판을 팔아야 한다」에서 '간판'이 간판(signboard)과 간판(a school career) 등으로 변용되면서 텍스트의 의미적 확정성을 혼란에 빠뜨리는 장면들도 같은 맥락에서 이해되어야 한다.

3.

20세기의 현대문학은 언어에 대한 혐오와 불신을 텍스트의 생산의 주요 동력으로 삼았다. 그런데 문학은 언어예술이므로, 문학이 언어에 대한 혐오와 불신을 표현하기 위해서는 '언어'에 근거할 수밖에 없다. 언어를 통해 언어에 대한 혐오와 불신을 표현하는 것, 이러한 이율배반이 현대문학의 태생적 특징이다. 물론 언어를 불신하는 구체적 원인은 시인에 따라 다르다. 우리가 사용하고 있는 언어가 경험적 사건 자체를 정확하게 재현하지 못하기 때문에 '언어'를 불신하는 시인들이 있는가 하면, 우리의 사고 자체를 규정짓고 있는 '언어'가 우리의 날것 그대로의 경험을 상식 속에 동결하기 때문에 '언어'를 불신하는 시인들도 있다. 가령 하늘에서 떨어지는 눈[雪]은 그때마다 상이한 방식으로 내림으로써 경험적으로는 상당히 이질적이지만 그것을 '눈'이라고 통칭할 경우 경험의 환원 불가능한 성질은 모두 사라지고 만다. 마찬가지로 차가운 물을 마셨을 때와 그것을 뒤집어썼을 때, 또는 겨울날 날씨가 추울 때 느끼는 차가움은 제각각 다르지만 그것을 '차갑다'라는 하나의 단어로 표상할 때에는 경험의 구체성은 모두 사라지고 만다. 요컨대 언어는 명령어, 그러니까 인간의 경험을 특정한 방식으로 표현하라는 문법적 성질로 인해 일종의 '명령'으로 이해됨으로써 혐오와 불신의 대상이 되기도 하지만, 또한 이질적인 경험들을 구체성이 결여된 단어로 환원함으로써 인간의 경험의 특이성을 상식화한다는 이유로 혐오와 불신의 대상이 되기도 한다. '언어' 자체에 대한 현대시의 감각, 특히 강희안의 시에서 두드러지는 언어에 대한 문제의식이 이러한 현대성과 맞닿아 있다면 그것을 단순히 '말장난'이라고 표현하는 것은 사태를 지나치게 단순화하는 일인지도 모른다. 그것은 자유분방하고 가볍게 보일 때조차 '장난'이라는 단어가 환기하는 것처럼 단순하지는 않다.

최근 우리 단지에 'LH 아파트'를 '내 아파트'로 읽는 난독증 환자들이 하나 둘 입주하기 시작했다 그들은 '관광부 장관'을 '강간부 장관'이라는 진실을 발설하기도 하고, '경상도'를 '개상도'라 읽는 지역 편견의 이빨을 드러내기도 했다 일기가 불순한 날이면 그 증상은 더 심해져서 '개고기 먹을 줄 알아?'를 경제적 어법으로 '개혀?'라고 물어도 다 알아듣는 난청의 수준에까지 이르렀다 한때 나는 '개혀?'를 '개의 혀로 문다고?'로 반문했다가 귓구멍이 막혔다는 거센 비난까지 받기도 했다 그래서 '나'도 발끈하여 '너 족구 싶냐?'라고 메일을 보냈더니 '농구 있네'란 문자로 받아쳐 혀가 휘휘 내둘린 적도 있다 그때부터 혀가 길어져 원어민 영어 발음에 재미를 붙이기도 했다 영어로 'LH'는 한국말로 '내'에 해당한다 'Land'(토지공사)+'House'(주택공사)가 협력하여 'LH 아파트'가 지어졌듯이 그들에게 '나'와 '너'를 긴요하게 포개면 '내'

가 되는 것 아니겠는가

　　　　　　　　　　　　　　　－「LH 아파트」 전문

　인터넷 조어 가운데 '띵곡'이라는 것이 있다. 스마트폰이나 인터넷 브라우저상에서 '명'이 '띵'처럼 보이는, 즉 글자가 유사하게 보이는 현상에 착안하여 인터넷 문화 가운데 하나이다. '멍멍이'를 '댕댕이'로, '대한민국'을 '머한민국'이라고 표기하는 것도 같은 이치이다. 이러한 현상은 '언어'를 독특한 방식으로 변용하여 사용함으로써 일종의 유희를 즐기려는 심리가 반영된 것이다. 마찬가지로 강희안은 글자의 형태에 착안하여 다양한 방식으로 기존의 언어적 관습을 뒤틀기도 하는데, 「LH 아파트」가 대표적인 사례이다. 여기에서 화자는 'LH'를 '내'로 읽음으로써 'LH 아파트'가 '내 아파트'로 인지되는 상황을 제시하고 있다. 물론 이 시에는 '관광부 장관'이 '강간부 장관'으로, '경상도'를 '개상도'라고 읽는 음성적 현상도 등장한다. 시인은 이러한 현상에 '지역 편견의 이빨'이라는 단서를 달아놓음으로써 그것이 타인의 진술을 옮겨놓은 것임을 암시하고 있다. 그런데 형태적·음성적 자질을 활용하여 언어에 대한 익숙한 감각을 낯설게 만드는 이러한 조어법은 강희안의 시가 즐겨 사용하는 창작 방법 가운데 하나이다. 가령 「웅」을 보자. 이 시에서 '웅'은 "누군가의 어려운 문자에 쉽게 던진" 답신이다. 그런데 시인은 이 답신을 '나누기'라고 평가한다. 이러한 상상력의 기원은 "절대 가로바의 기울기를 허락지 않는다"라는 진술처럼 '웅'이라는 글자가 가로바(-)를 경계로 두 개의 동그라미가 배치된 형태를 띠고 있기 때문이다. 그런데 시인의 사유는 형태적 상상력에서 멈추지 않는다. '웅'이라는 글자는 곧이어 '웅가', '휴지', '쾌변' 단어들로 이어지는데, 이는 '웅'이라는 글자의 형태만이 아니라 음성적 자질이 고려된 결과이다.

한때 남아공에서는 자블라니가 3차원 곡선을 완성한 희귀 생명체라는 논란이 들끓었다 자블라니는 과학적 검증을 거친 만큼 이전의 공인구에 비해 가장 원형에 가깝다 무엇보다도 선수들이 잡기 편하도록 특수 고안된 미세 돌기가 강점으로 손꼽힌다 이 밖에도 경기 인원수인 11과 남아공의 11개 민족, FIFA의 11번째 공인구를 의미하는 색깔 도안까지 고려했다고 아디다스 측은 설명했다 그러나 이 같은 주장과는 달리 각국 선수들은 자블라니 쉽게 미끄러지는 특징과 불규칙한 탄도 변화로 좌우 비상 궤적이 살아있다는 점, 나아가 뛰어난 반발력 때문에 어디로 튈지 모른다며 공포감에 휩싸여 있다 특히 골키퍼들의 불안은 가히 최고조에 달한 상황이다

―「자블라니에 대한 분란」 부분

 동음이의와 더불어 음성적 유사성은 강희안이 새로운 언어를 만들기 위해 자주 사용하는 방법이다. 알다시피 자블라니(Jabulani)는 아디다스사(社)에서 만든 축구공의 이름으로, 2010 남아공 월드컵에서 공인구로 사용되었다. '자블라니'는 남아공의 공식 언어인 줄루어로 '축제를 위하여'라는 뜻이다. 알려진 바에 따르면 이 축구공은 "축구 선수 인원인 11명과 남아공의 11개 공식 언어 및 11개 민족, FIFA의 11번째 공식 경기구를 뜻하는 11개의 색깔을 공에 그려 넣어 디자인 측면"도 고려되었다고 한다. 시인은 자블라니 축구공에 관한 이러한 사실들을 인용함으로써 작품의 사실성을 강조하면서도 정작 '자블라니'라는 축구공의 명칭은 전혀 다른 방식으로 전유한다. 실제로 이 공은 탄성이 뛰어나서 각국의 선수들, 특히 골키퍼들의 불만이 상당했다고 알려져 있다. 시인은 축구공의 이러한 특성과 우리말 '잡을라니(잡으려니)'와 발음이 유사한 점에 착안하여 시를 전개하고 있

다. 이러한 음성적 유사성(또는 동일성)에 착안한 사례는 강희안의 시에서 자주 목격된다. 사람의 이[齒]가 두 번 나는 이유에 대한 아이의 대답("2니까"(「차이에 관한 생각」)), '메타포'라는 시학 용어와 조정 경기의 일종인 '무타포어'(「메타포 무타포어」)를 병치시킨 것, 미국 만화·애니메이션 영화 〈뽀빠이(popeye)〉에 등장하는 주인공 '뽀빠이'와 악당 '브루터스'의 이름을 변용한 '부르터스', '부르스타', '파파이스(popeyes)'(「입술 부르터스」), "한국 축구의 믿을 맨은 middle man 이다"(「호모 사커스」)라는 진술, 그리고 "러시아 소치올림픽은 세계의 수치올림픽이 되었다"(「한국에서 소치까지」)처럼 '소치'라는 고유명사의 발음에서 '수치'를 연상하는 것 등은 음성적 유사성/동일성에서 출발하여, 혹은 그것이 연상시키는 인과성에 기초하여 한 편의 시를 생산하는 대표적인 경우들이다.

    모창 가수 너훈아가 죽은 건 나훈아의 슬픔이다 순천향대병원 관계자에 따르면 그의 간암 투병 소식에 긴장을 한 건 나훈아였다 원본인 나훈아가 살아있다는 건 모창 가수 너훈아의 이름값이기 때문이다 그의 떠들썩한 죽음이 나훈아의 전도에 흠집을 낸 것일까 자신에게 한 번도 로얄티를 지불한 적 없는 너훈아, 이제 나훈아는 너의 죽음을 흉내내야 하는 처지다 자기를 키우던 소를 팔아 기획한 1집 앨범을 실패한 김갑순 씨, 너는 나를 복제하느라 자신의 길을 포기했다 30여 년 동안 나의 삶보다 너의 삶에 더 관심을 기울였다 향년 57세로 66세의 삶을 앞질러 간 유일한 이력이 그의 죽음을 새롭게 포장했던 것이다
―「너훈아의 죽음에 대한 고별사」 전문

음성적 유사성/동일성에 주목하는 것이 음성적 자질을 활용하는 유일한 방식은 아니다. 강희안은 때때로 모음의 차이, 그러니까 양성모음과 음성모음의 대립을 강조하는 방식으로 언어에 대한 우리의 감각을 자극한다. '뿔'과 '뻘'의 유사성과 차이를 이용한 「뿔과 뻘이란 관계의 도식」 같은 작품이 대표적이다. 이 시에서 평론가 선배는 '나'에게 "내가 너한테는 뿔이냐 뻘이냐"라고 묻고, '나'는 "뿔이라 할까 고민하다가/뻘이라 대답"한다. 이 시에서 '뿔'과 '뻘'은 우리가 일상생활에서 사용하는 의미로 쓰이기도 하지만 "뿔은 상대를 치받는 나의 습성"이라는 진술처럼 화자에 의해 새롭게 정의되고 있어서 그 경계를 명확하게 규정하기가 어렵다. 하지만 이 시에

서 시인이 강조하려는 것은 'ㅜ'와 'ㅓ'라는 모음의 차이가 만들어내는 음성적 유사성과 의미적 차이의 동시성일 것이다. '뿔'과 '뻘'은 형태적·음성적 연관성도 확인되지만 모음의 차이에 의해 의미의 차이가 현격하게 느껴지는 사례인 셈이다. 이러한 모음의 차이는 위의 인용 시에서도 동일하게 반복된다.

흥미롭게도 인용 시에서 '나'와 '너'라는 모음의 차이는 문법적 차이가 아니라 존재의 차이, 나아가 원본과 복사본이라는 존재론적 차이의 문제로 확장된다. 인칭대명사인 '나'와 '너'의 차이는 '언어=모음'의 차이일 때조차 존재론적 차이와 무관하지 않다. 그리하여 여기에서 언어 문제는 '언어'의 경계를 넘어 인간 삶의 문제라는 현실 세계에 투사되기에 이른다. 인기가수 나훈아와 '모창가수 너훈아'의 관계가 바로 그것이다. '모창 가수 너훈아'는 평생 '나훈아'를 모창하면서 살았는데, 이 모방(모창)은 또한 '나훈아'라는 가수의 존재감을 대중들에게 확인시켜주는 행위이기도 했다. 이들의 관계는 '모창 가수 너훈아'가 '나훈아'를 팔아서 이익을 취하는, 그러면서도 '로얄티'도 지불하지 않는 일방적인 기생 관계로 생각하기 쉽다. 하지만 시인의 생각은 조금 다르다. 시인은 '너훈아'의 죽음이 "나훈아의 슬픔"이라고 단정한다. 추측건대 '원본'인 '나훈아'가 대중의 기억에서 잊히지 않고 사랑받은 데는 '모창 가수 너훈아'의 영향이 컸다는 주장인 듯하다. 이러한 논리가 성립한다면 이제부터는 '나훈아'가 '모창가수 너훈아'를 '흉내'내야 하는 것인지도 모른다. '너훈아'라는 존재가 있어야만 '나훈아'의 인기가 유지된다면, 논리적으로 '나훈아'는 먼저 '너훈아'를 흉내내는 것이 유리할 수도 있기 때문이다. 물론 여기에서 시인의 주된 관심은 이러한 존재론적 관계보다는 '나훈아'와 '너훈아'의 관계, '나-'와 '너-'의 차이, 궁극적으로는 'ㅏ'와 'ㅓ'의 차이에서 기원하는 문법적인 문제일 것이다.

4.

우리는 앞에서 언어에 대한 강희안의 시 쓰기가 언어 안에서 '다른 언어'를 만드는 창조 행위라고 말했다. 시집의 첫 페이지부터 천천히 넘기면서 확인해보면 알 수 있듯이, 시인은 이 거대한 프로젝트를 구성하고 있는 실험들에 '편견'(「빗소리에 관한 편견」), '주관'(「주관적인 신에 관한 담론」), '오해와 낭설'(「비타민C에 관한 오해와 낭설」), '오류'(「간에 대한 오류」) 같은 부정적인 이름을 붙이고 있다. 이러한 언명(言明)은 기존의 언어, 또는 '언어'에 대한 상식적인 관점에서의 판단을 예측한 것, 그러니까 기존 '언어'의 시각에서는 이러한 언어적 실험들이 부정적으로 받아들여질 것임을 의식한 산물로 보인다. 이는 상식적인 믿음과 달리 문학에서는 '언어'가 전장(戰場)이자 사건의 발생 장소라는 의미이기도 하다. 요컨대 문학은 언어예술이지만, 언어학과 문학 사이에는 봉합할 수 없는 간극이 존재하며, 문학은 언어의 형이상학적 보편 같은 것은 없음을 증언하는 행위라고 말할 수 있다. 바로 이 간극이 위에서 이야기한 부정적 언명들일 것이다. 그것을 '비시(非詩)'(「비시의 대가」)라고 말할 수 있지 않을까. 또 하나, 강희안은 '담론'(「주관적인 신에 관한 담론」), '보고서'(「모자란 관계에 대한 보고서」), '율법'(「의사의 율법」), '고별사'(「너훈아의 죽음에 대한 고별사」), '기원'(「머리말과 말머리의 기원」), '고찰'(「메르스 변화 추이에 관한 고찰」) 등처럼 종교, 학술, 의례에서 사용되는 어휘들을 동원해 '언어' 질서로부터의 이탈이 지적·객관적 담론의 일부인 것처럼 제시한다. 이들 다양한 담론의 형식들 역시 새롭게 창조되는 '다른 언어'에 모종의 권위를 부여하려는 시인의 의도를 반영하고 있는 것이라고 말할 수 있다. 강희안은 전통적인 서정시 경향의 작품을 쓰면서 시작 활동을 시작했으나 두 번째 시집부터 '언어'에 대한 현대적 사유에 기초하여 자신만의 시적 세계를 구축해왔다. 어떤 이들은 '언어'에 대한 이러한 관심이 사변적인 실험에 불과하다고 부정적으로 평가하기도 한다. 하지만 강희안의 시편들이 증명하듯이 이것은 단순한 실험이 아니라 기존의 언어 안에서 새로운 언어를 만들려는 창조 행위이며, 사변적인 것이 아니라 우리의 삶과 사고를 지배하고 있는 '언어'에 대해 문학의 이름으로 진행하는 일종의 도전이다. 문제는 '언어'에 근거한 이 창조, 이 싸움에서 생각할 수 있는 경우의 수가 제한적일 수밖에 없다는 사실이다. 그런 점에서 '언어'에 대한 시인의 싸움, 그 힘겨운 싸움이 이후의 작품들에서 어떤 새로운 방식으로 지속될 것인지 지켜보는 일도 흥미롭지 않을 수 없다. 한 가지 분명한 사실은, 지금껏 모든 훌륭한 시인들이 이 싸움에 대한 자신만의 방식을 발명해왔다는 것이다.